La vida de una abeja

Dona Herweck Rice

Asesor

Timothy Rasinski, Ph.D.
Kent State University

Créditos

Dona Herweck Rice, *Gerente de redacción*
Robin Erickson, *Directora de diseño y producción*
Lee Aucoin, *Directora creativa*
Conni Medina, M.A.Ed., *Directora editorial*
Ericka Paz, *Editora asistente*
Stephanie Reid, *Editora de fotos*
Rachelle Cracchiolo, M.S.Ed., *Editora comercial*

Basado en los escritos de *TIME For Kids*.

TIME For Kids y el logotipo de *TIME For Kids* son marcas registradas de TIME Inc. Usado bajo licencia.

Teacher Created Materials

5301 Oceanus Drive
Huntington Beach, CA 92649-1030
http://www.tcmpub.com

ISBN 978-1-4333-4421-3

© 2012 Teacher Created Materials, Inc.

abeja reina

Primero, hay una **abeja reina.**

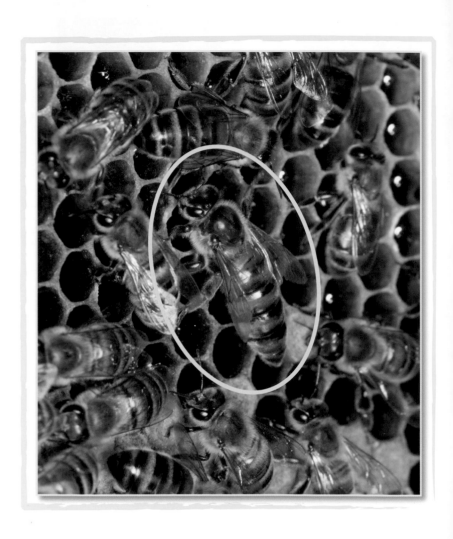

La reina dirige la colmena.

Ella pone muchos huevos.

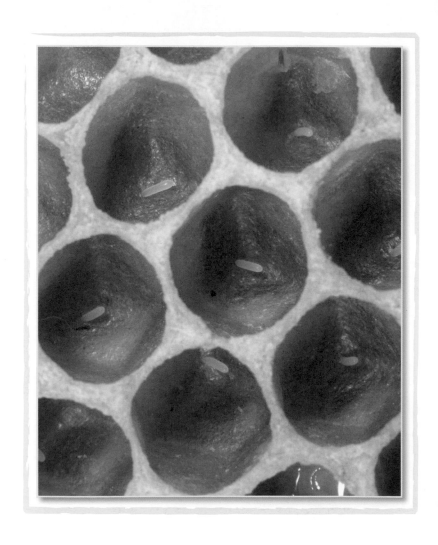

Cada huevo es muy pequeño.

Pronto, cada huevo se convierte en una **larva**.

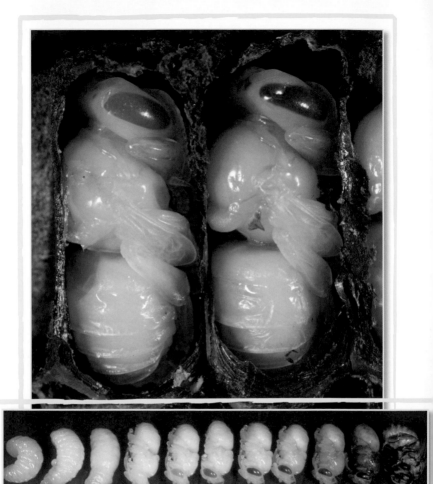

La larva se convierte en
una **crisálida**.

Luego, la crisálida se abre.

Sale una abeja adulta.

Zumba de flor en flor para conseguir el néctar dulce.

Almacena el néctar en una
bolsa dentro de su cuerpo.

Luego lo lleva a la colmena.

Las abejas en la colmena
convierten el néctar en **miel**.

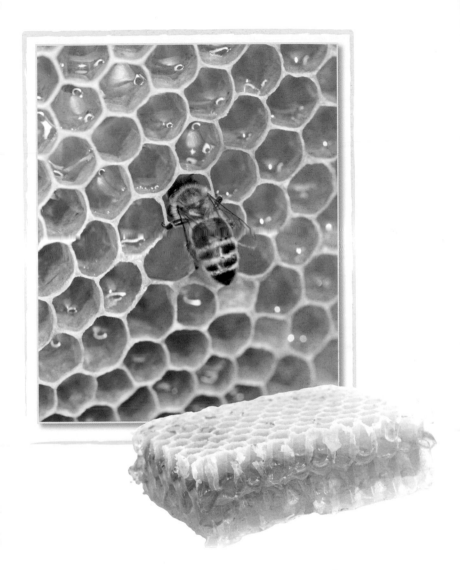

Las abejas se comen la miel.

Ellas alimentan a su reina.

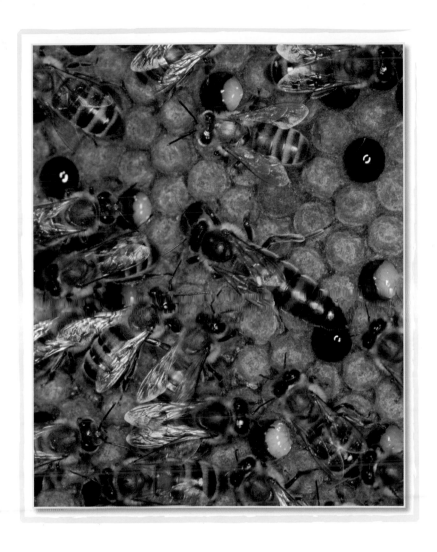

Entonces, la reina pone
más huevos.

El ciclo empieza de nuevo.

Glosario

 abeja

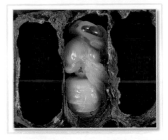 crisálida

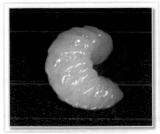 larva

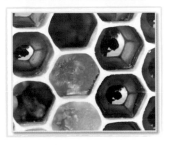 miel

Palabras para aprender

abeja	flor
adulta	huevos
almacena	larva
bolsa	miel
ciclo	néctar
colmena	pone
convierte	reina
crisálida	zumba
dulce	